A de Alas,
A de Abuela

Pilar Molin

Ilustración
O'Kif

Taller de lectura
Paloma Muiña

Juan Ignacio Luca de Tena, 15. 28027 Madrid
www.brunolibros.es

Dirección del proyecto editorial
Trini Marull

Dirección editorial
Isabel Carril

Edición
Begoña Lozano

Preimpresión
Francisco González

Diseño
Inventa Comunicación

Este libro dispone de un **cuaderno de Lectura Eficaz, Juegos de Lectura, n.° 163**

Primera edición: enero 2012
Cuarta edición: julio 2016

ISBN: 978-84-216-9882-2
D. legal: M-3187-2012

Printed in Spain

Pilar Molina Llorente

La autora

- Cuando éramos pequeñas, mi hermana y yo creábamos personajes, inventábamos historias y vivíamos increíbles aventuras en un rinconcito del cuarto de estar. Enseguida nos dimos cuenta de que esas historias no estaban en las cosas con las que jugábamos, sino en nuestra imaginación, y poco a poco, y cada una por su lado, empezamos a escribir nuestras aventuras.
- Un día, envié una de esas historias escritas a un premio y... me lo dieron.
- A partir de entonces, lo he pasado muy bien inventando, escribiendo y charlando con tantos amigos que he ido conociendo en colegios, bibliotecas y ferias de libros.

alta mar

Para ti...

Seguro que en tu clase nadie se burla
de un compañero por llevar gafas
o aparato en los dientes. Ningún niño se reiría
de nadie por ser más bajito o gordo, demasiado rubio
o demasiado moreno. Sin embargo, si un compañero
estudia mucho, lleva la tarea siempre bien hecha,
atiende y se porta muy bien en clase...
Eso es otro cantar... Pero ¿se puede maltratar
a un niño por ser estudioso?
¿Es normal burlarse del empollón?
Y..., ¿qué es un empollón?

La historia de Yoli está basada en hechos reales.
Tal vez te haga pensar.

Pilar Molina

Para Giovane David Encabo Vital,
mi Giogio.

1

A de Ángel

ESTABA la señorita Flora explicando los signos de puntuación cuando sonaron unos golpecitos, se abrió la puerta y apareció jadeante doña Aurora, la secretaria.

La señorita Flora calló en seco con la mano sobre la pizarra. Todos los alumnos se volvieron hacia la puerta cuando doña Aurora dijo con voz chirriante:

—Perdone la interrupción, Flora; debo informar a los alumnos.

Y sin esperar respuesta se subió a la tarima y empezó:

—Como todos sabéis, se acerca la Navidad, y es costumbre en este centro organizar un Nacimiento viviente.

Se oyó un murmullo. Todos los niños conocían la fiesta que organizaba el colegio. Mucha gente desfilaba por el salón de actos la mañana del día veintitrés de diciembre. A veces, hasta iba la televisión a hacer un reportaje.

—Sabéis –continuaba la secretaria– que este Nacimiento lo organizan los alumnos de los cursos superiores, y son ellos los que se ocupan de prepararlo todo y los que interpretan los papeles de la Virgen, san José, los Reyes Magos... Pero hay un papel en ese cuadro viviente que siempre lo ha representado un alumno de tercero: el ángel del portal.

El silencio permitía oír el piar
de los pajaritos en el árbol del patio.

—Y este papel de ángel, como muchos
ya sabéis –continuaba doña Aurora
mirando a todos los niños sin detenerse
en ninguno–, se le encarga al alumno
de tercero que haya tenido la mejor
conducta y las mejores notas durante
los dos años anteriores.

Nadie se movía. Todos sabían que era
una distinción muy importante. Se esperaba
el nombre del elegido con expectación.

—Este año, el alumno que interpretará
al ángel del portal es...

Doña Aurora hizo una pausa, buscó
entre las hojas que llevaba, se ajustó
las gafas, miró a los alumnos,
que esperaban conteniendo la respiración,
y dijo lentamente:

—Yolanda Garrido, de tercero A.

Todas las caras se volvieron hacia atrás.
En la última fila, con la espalda pegada
a los abrigos que colgaban
de las perchas y los ojos redondos
por el asombro, estaba Yoli.

—Yolanda Garrido ha demostrado
desde que entró en este centro
un comportamiento extraordinario
y un aprovechamiento digno de elogio.
La directora y el claustro de profesores,
por unanimidad, han decidido dar
esta distinción a esta aplicada alumna
como premio a su constancia
y continuado trabajo.

Doña Aurora dobló el folio que había
leído, dio las gracias a la señorita Flora
y salió de clase.

Se desató una tormenta de comentarios.
Todos los alumnos hablaban y opinaban,

y el murmullo fue subiendo de tono hasta convertirse en un sonado alboroto.

—¡Es injusto! –protestó Candela dando una patada.

—¡Enchufada! –dijo una voz desde la segunda fila.

—¡Empollona! –gritó Gonzalo Martín con su voz de trueno.

Diez minutos le costó a la señorita Flora recuperar la calma en la clase y volver a la explicación de la diferencia entre el punto y seguido, y el punto y aparte. Pero ya no consiguió que los niños atendiesen. Se pasaban papelitos con comentarios; miraban hacia atrás con desprecio; algunos hacían gestos y murmuraban en voz muy baja entre risas escondidas...

Yolanda, sentada al fondo, en la única mesa ocupada en la última fila, intentaba atender a las explicaciones de la profesora, pero no podía. Le temblaban las piernas por la emoción y le estaba entrando un dolor de estómago tan fuerte que casi lo notaba en la garganta.

Lo que más miedo le daba era que sonase el timbre de final de clase.

Sabía que sus compañeros, que solo se ocupaban de ella para gastarle bromas,

burlarse o empujarla, le harían pagar caro el que hubiera sido la elegida.

Faltaba media hora para la salida, cuando la puerta de la clase se abrió otra vez y la figura delgada del conserje interrumpió de nuevo.

—Perdón, tengo que dar un recado –dijo casi sin mirar a la señorita Flora.

—Yolanda Garrido –continuó con su voz de flauta–, te llaman al despacho de la directora.

Yoli se levantó como un rayo, guardó el cuaderno, recogió su estuche, y, con el abrigo en la mano, salió de la clase entre los abucheos y los silbidos de sus compañeros. Desde el pasillo, oyó la voz de la señorita Flora que regañaba a los niños muy enfadada, e intentaba poner orden golpeando con la mano sobre la mesa.

Yoli no sintió la corriente de la galería, ni el olor a bollos que llegaba desde el comedor, ni siquiera se paró frente a la clase de los más pequeños, como hacía siempre que pasaba frente al cristal decorado con pegatinas para contemplar las caritas de los chiquitines.

Una vez en el pasillo de dirección, Yoli tuvo que mirar los carteles

de las puertas para encontrar
el despacho de la directora.
Nunca había estado allí,
ni siquiera castigada.
Nunca había
pisado aquel despacho.

Se arregló el uniforme, se alisó el pelo,
suspiró y llamó a la puerta.

—Adelanteeee...

Yoli abrió con cuidado, asomando
solo la cabeza.

La directora hablaba con dos profesoras
que Yoli no conocía.

—Pasa, hija –dijo al ver a la niña.

Y dirigiéndose a las otras dos señoras,
añadió:

—Esta es Yolanda Garrido, la alumna de tercero que hará de ángel este año.

Las dos profesoras la miraron de arriba abajo. Se fijaron en su ropa, en su cara, en su pelo...

—No sé... –dijo la más alta–. No parece muy...

—¿Cree usted que sabrá? –preguntó a la directora la otra profesora.

Doña Benita, directora desde hacía muchos años del prestigioso colegio *Las Alondras,* fijó su mirada en los ojos de Yoli y contestó:

—Por supuesto que sabrá. Es una niña muy trabajadora y aplicada. Tiene las mejores notas desde que llegó al colegio, y su comportamiento es extraordinario. Es estudiosa, cariñosa y muy educada.

Este centro se siente muy satisfecho del provecho que está sacando a la beca de estudios que disfruta desde primero de Primaria –puso la mano bajo la barbilla de Yoli para levantarle la cara; la miró con cariño y añadió–: Sí, es la mejor.

Las dos profesoras volvieron a mirarla con atención, hasta dieron una vuelta a su alrededor para observarla bien.

—No sé, no sé…

—Si usted lo dice, Benita…

La directora se sentó tras su mesa y abrió su gruesa agenda.

—Di a tu madre que venga a verme esta tarde –dijo apuntando la cita.

—Mi madre no puede venir, está de viaje.

—¿Cuándo vuelve?

Yoli se encogió de hombros.

—Pues... tal vez, si puede..., en Navidad.

—¿Y tu padre? –insistió la directora.

—No tengo padre.

Doña Benita se acodó en la mesa con aire preocupado.

—¿Con quién vives, Yolanda?

—Con mi abuela y la tía.

—Pues dile a tu abuela que necesito hablar con ella. Que pase por mi despacho esta tarde a las siete.

Yoli salió directa al patio. Esperó a que sonase el timbre que anunciaba

el final de las clases y se abriese
la puerta de la calle. Salió corriendo,
sin mirar a los familiares de los alumnos
que esperaban fuera, y no paró hasta
girar la esquina de la calle
en la que estaba su casa.

Mientras merendaba, contó a su abuela
que la habían elegido ángel del Belén
y le dio el recado de doña Benita.

—¿Para qué querrá verme la directora?
–se preguntó la abuela en voz alta–.
A las siete... No sé si se me habrá
secado la falda para las siete.

Pero a las siete menos diez, la abuela
de Yoli, vestida con su ropa de siempre
y muy peinadito su rizado pelo gris,
salió hacia el colegio de su nieta.
Antes dejó hervida la verdura
para la cena, limpios los zapatos
de la niña para el día siguiente,

planchada la ropa que había lavado y recogida la cocina.

Yoli, como cada tarde, se puso a hacer la tarea del colegio y a repasar la lección mientras Tutía, su tía abuela, se columpiaba en la vieja mecedora tarareando una cancioncilla y dando palmaditas con los ojos cerrados.

Apenas había dado las ocho el viejo reloj que presidía la sala, cuando Yoli oyó de nuevo el tintineo del llavero de la abuela.

—Bueno –dijo la mujer colgando la chaqueta en el armario–, según parece, la familia de la niña elegida para ángel tiene que poner todo lo necesario. Hace falta un vestido largo del color que queramos, unas sandalias y unas alas.

Y la abuela se derrumbó suspirando sobre una silla.

—Lo siento. Yo... creía que... –empezó Yoli al ver la cara desanimada de su abuela, y terminó muy decidida–: No importa, renunciaré.

—No, no, cariño, de ninguna manera. No sé cómo, pero conseguiremos todo –dijo la abuela abrazando a su nieta–. La directora me ha hablado tan bien de ti... Dice que eres muy trabajadora y que tu comportamiento es excelente. Te mereces ser el ángel del portal. Yo me ocuparé de que lo tengas todo.

Y se fue hacia la cocina para sofreír las acelgas.

Mientras Yoli preparaba la mochila para el día siguiente, pensaba en su madre, que trabajaba lejos para poder enviar el dinero con el que podían vivir, con muchas privaciones, y pagar los gastos que, a pesar de tener una beca, ocasionaba el carísimo colegio al que ella iba cada mañana.

A Yoli le hubiera dado igual asistir al colegio de Lucas, su vecino; también estaba cerca y tenía un patio grande y un pedacito de huerto que cultivaban los alumnos. Tampoco le hubiera importado ir al colegio pequeñito, al final del parque, donde los niños tenían clase de cocina los sábados. Pero su madre había elegido el colegio *Las Alondras* porque quería que hiciesen de ella una señorita fina y bien educada, como decía siempre. Era un colegio muy elegante en el que, además de las asignaturas comunes, había clases de francés, natación, ballet, piano, protocolo...

Yoli sabía que su madre trabajaba mucho para pagar todos los gastos, y que su abuela hacía mil sacrificios para que el dinero que enviaba su hija desde cualquier lugar del mundo llegase para todo. Lo único que se le ocurría a ella para ayudar era estudiar mucho, trabajar y portarse bien para que todos estuviesen contentos; pero no lo conseguía. Cuanto mejor se portaba, más de tarde en tarde volvía su madre, confiada en que todo iba bien por casa; más trabajaba su abuela para que no se notase que no era una niña rica, como sus compañeros; más se preocupaban sus profesores buscando para ella trabajos más interesantes y lecciones más avanzadas, y… más se enfadaban y la despreciaban la mayoría de sus compañeros.

Cada tarde Yolanda sacaba el precioso cuaderno forrado de seda violeta que le había traído su madre de París la Navidad anterior, y dibujaba en él una palabra, solo una. La palabra que llenaba sus pensamientos en ese momento.

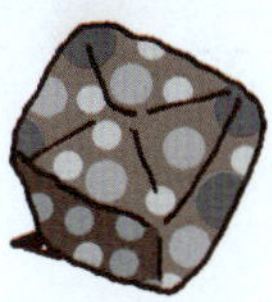

Lo hacía con mucho cuidado, utilizando los colores de su estuche y los rotuladores de la clase de Dibujo.
La primera letra siempre era más grande, casi tan alta como permitía la hoja del cuaderno, y la dibujaba con florecitas, mariposas, plumas..., o con estrellas de reflejos, con globos, con extrañas formas marinas, o simplemente la decoraba con círculos y puntos combinados. A veces, también adornaba la letra con animalitos pequeños o con alas de dragones; otras veces, con frutas brillantes y molinillos de colores. El resto de la palabra lo dibujaba con rotulador negro, con trazos muy iguales y cuidadosos.

Aquella tarde, Yolanda, después de hacer la tarea y tomarse su tazón de leche con cacao, dibujó en su cuaderno una preciosa A con forma de hoja de otoño.

A de Ángel

2

L de Lucas

YOLI llegó muy pronto al colegio y subió enseguida a la clase para no cruzarse con sus compañeros en el patio. Pero, cuando entró, ya había un dibujo de ángel con cara de cerdo en la pizarra y, a su lado, un cartel que decía: *Pompón.*

Yolanda sabía que la llamaban *Pompón,* pero no sabía por qué, y claro, tampoco lo había preguntado.

En realidad, no tenía ningún amigo ni amiga en clase; el grupo de Gonzalo Martín siempre se metía con ella, y la mayoría de los compañeros la empujaban, le ponían

caras raras, se reían, cuchicheaban...
Los demás procuraban que nadie
les viese hablar con ella; la trataban solo
para pedirle apuntes o tareas que habían
perdido o para preguntarle algún dato
urgente antes de empezar la clase. El resto
del tiempo hacían como si no existiese.

José Luis, el profe de Matemáticas, entró
con prisa, como todos los días, borró
el pizarrón sin mirar lo que había
y empezó a llenarlo de números.

—Repaso de divisiones –dijo sin
volverse–. Solo permitiré un fallo;
a estas alturas, todos tenéis que saber
dividir sin dificultades.

Se volvió a la clase y continuó:

—Yolanda, tus divisiones están
en esta fotocopia. ¿Nadie más se atreve
con divisiones de dos cifras?

Un comentario en voz baja de Gonzalo y unas risitas fueron la única respuesta.

—Si una compañera vuestra lo puede hacer, lo deberíais hacer todos –comentó el profesor, aburrido–. Lo que ocurre es que no trabajáis nada, no atendéis en clase ni mostráis ningún interés.

Siempre que Yoli contestaba alguna pregunta que nadie sabía, o sacaba una buena nota, o algún profe hablaba bien de ella, se le ponía un nudo en la garganta que casi no la dejaba respirar. Sabía que antes o después sus compañeros se lo harían pagar, y era difícil imaginar qué se les podía ocurrir para hacerle daño o reírse de ella.

Aquella mañana la venganza llegó enseguida, en clase de Dibujo.

Candela, la mejor amiga de Gonzalo, tropezó «sin querer» cuando iba a coger

un paquete de pañuelos del bolsillo
de su abrigo, colgado en las perchas,
al final de la clase, y cayó sobre la mesa
donde Yoli terminaba su acuarela.
El vaso del agua de los pinceles se volcó
sobre la cartulina. El trabajo quedó
hecho un desastre, y Yolanda, empapada.

—¡Cuidado, todos a cubierto! –gritó Gonzalo desde su mesa–. ¡A ver si se hincha el pompón!

Mientras secaba su mesa, Yolanda buscaba una vez más una explicación a aquel apodo tan extraño.
¿Por qué la llamaban *Pompón?*

Entre las risas de sus compañeros, oyó la voz despistada de Lola, la profesora de Dibujo:

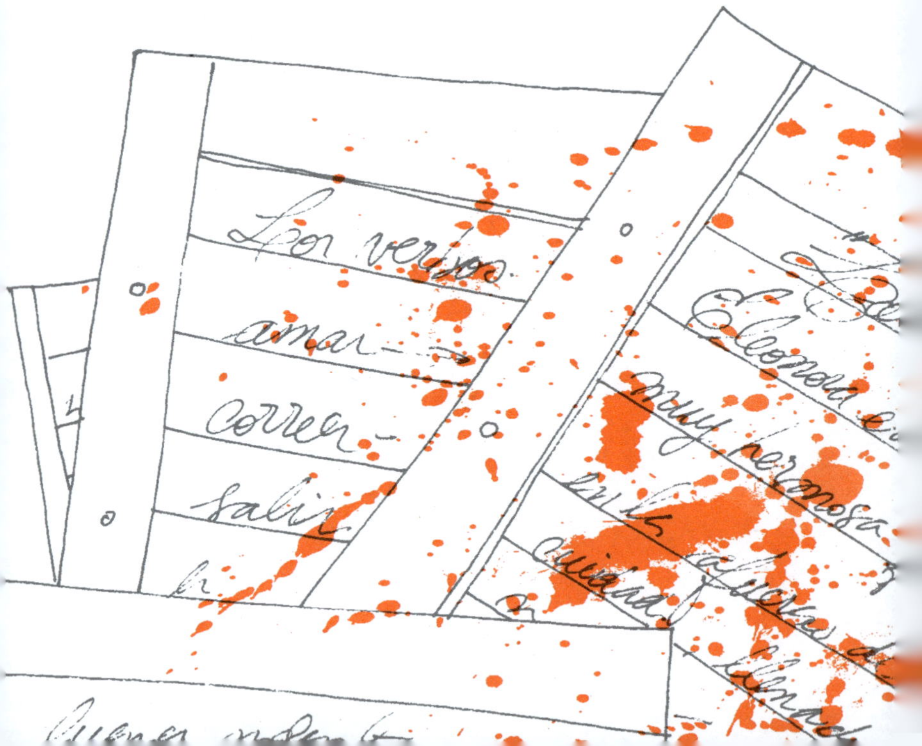

—Silencio, silencio. ¿Qué pasa ahí detrás? ¿Se te ha caído el agua, Yoli? Siempre estáis jugando. Ve al baño a secarte la falda, que te vas a enfriar.

Y mientras Yolanda trataba de secarse la falda del uniforme con una toalla, le desaparecieron de la mochila el bocadillo y el zumo, y el trabajo de Lengua apareció lleno de tachones y manchado de tinta roja.

Durante el recreo, Yolanda paseó, sin bocadillo y sin zumo, de un lado a otro del jardín sin hablar con nadie. Estaba acostumbrada a estar sola en aquel colegio de niños muy educados, en el que no estaban permitidas las palabrotas, los desprecios, ni ningún otro tipo de violencia. Cualquier falta a estas normas era castigada muy severamente. Pero sus compañeros sabían disimular muy bien las bromas y las burlas, y los profesores no se daban cuenta de nada.

Miró despacio a su alrededor. Había alumnos de diversos lugares con caras y ojos de colores raros. En tercero B había una chica con el pelo color calabaza. Había niños gordos, que caminaban meciéndose de un lado a otro, y niños delgaditos, que parecían echar a volar en lugar de correr tras el balón. Había un niño en cuarto C que iba en silla de ruedas, y una niña de sexto que hacía gestos sin querer y andaba torcida, casi atada a una muleta. Muchos niños llevaban gafas, incluso uno de segundo llevaba un ojo tapado como un pirata, y algunos tenían aparatos en los dientes. Nadie se reía ni se burlaba de ellos. ¡Estaría bueno! Todos sabían muy bien que nadie tiene derecho a molestar a otro por ser diferente, y en aquel colegio nadie se reía, se burlaba o molestaba a ningún compañero que no fuese... Yolanda Garrido.

¿Por qué ella?

* * *

Esa misma pregunta le hizo a su vecino, Lucas, el sábado, cuando salieron al patio de su casa, después de desayunar.

—Te tratan mal porque les fastidias –comentó Lucas mordisqueando la pata de su dinosaurio de plástico.

—¿Les fastidio? No me meto con ellos, ya ni siquiera les hablo.

—Pero les fastidias –insistió el chico–. Todos sabemos que vamos al cole a aprender. Tenemos que estudiar, hacer los deberes y portarnos bien. Es nuestra obligación. Mi padre me lo recuerda casi todos los días.

—Eso hago yo –contestó Yoli.

—Claro, por eso te odian. Les recuerdas todo el rato lo que tienen que hacer y no hacen. Tenerte cerca es como tener a alguien regañándote todo el día. Y… ¿a quién le gusta que le regañen?

Yoli se sentó en los escalones que había en el patio. Le gustaba aquel patio: parecía un tubo cuadrado alto, alto… y terminaba arriba en un cuadradito de cielo por el que cruzaba alguna vez

un pájaro, o un avión, apenas un puntito luminoso que dejaba un hilo blanco y silencioso.

A ese patio gris daban las ventanas de las cocinas y los baños de todo el edificio. Allí se podían oler guisos desconocidos y oír palabras nuevas. Los canalones soltaban sin avisar sus misteriosos discursos, y como un fantasma enjaulado, subía y bajaba por una de las paredes el contrapeso del ascensor.

Yoli y Lucas se sentaban bajo la fila de ventanas de la escalera, adornadas con vidrieras de colores. Era el único lugar en el que estaban libres de ser bombardeados con pinzas de tender, colillas, bayetas, tubos de cartón del papel higiénico...; el único lugar en el que podían jugar o hablar sin que los adultos se metiesen en su conversación.

—En mi cole también pasa –dijo Lucas sentándose junto a Yolanda.

—¿Qué pasa?

—Lo de fastidiar al empollón. En mi clase no hay ninguno, pero en quinto hay uno y... ¡bufff! No veas cómo se meten con él. Pasa lo mismo en todos los coles.

—Yo no soy una empollona –protestó Yoli.

—¿Cómo lo sabes? A lo mejor el empollón no se da cuenta de que lo es. Pero no te preocupes, a mí no me importa que seas empollona.

—No es verdad –dijo Yoli–. Voy a buscarlo.

Se levantó como un rayo y entró en casa para salir enseguida con el diccionario.

—Aquí está –exclamó después de buscar un rato entre las hojas–. «Empollón: se dice de un estudiante que prepara mucho sus lecciones y se distingue más por la aplicación que por el talento».

Yoli levantó la cabeza del libro y se quedó unos instantes mirando al dinosaurio de plástico, que paseaba entre las ramas de la reseca planta que dormitaba junto a las escaleras.

—Yo preparo mucho las lecciones –dijo pensativa–; eso quiere decir que... soy una empollona.

—Entonces –dijo Lucas obligando al dinosaurio a masticar un trozo de hoja entre sus afilados dientes–, todos los niños de todos los colegios del mundo tendríamos que ser empollones.

—¿Por qué?

—Al colegio se va a aprender, y para aprender hay que preparar bien las lecciones, ¿no?

—Sí.

—Pues entonces, todos los niños que vamos al colegio tendríamos que ser empollones, pero como no lo somos, cateamos, perdemos el tiempo, jugamos y nos lo pasamos bien.

Yolanda cerró el diccionario.

Lucas tenía razón. En su clase, solo cuatro compañeros trabajaban en serio; luego estaba el grupo de los que intentaban quedar bien sin trabajar mucho, y los amigos de Gonzalo, que solo iban al colegio a pasarlo bien, a reírse, a molestar...

Una olla pitaba desde una cocina
y un olor a sopa caliente se rizaba
entre las paredes del patio.

Si solo querían pasarlo bien, lo mejor era que se quedasen en el parque –pensaba Yolanda–. Así las clases avanzarían más rápido y no habría que repasar cada tema tantas veces.

El padre de Lucas, que era el portero de la casa, salió al patio con su enorme cepillo baboso de cerdas negras.

—Chicos, voy a limpiar el suelo
–y dirigiéndose a su hijo, comentó–:

Mamá te está buscando para que vayas a por el pan.

Yoli y Lucas vivían en el mismo rellano de la escalera. Yolanda, en la puerta A, y su amigo, enfrente, en la B. A veces, jugaban en el descansillo, pero sin hacer ruido, para no molestar a los vecinos.

—Hasta luego –dijo Yolanda con voz apagada.

—¡Eh! –dijo Lucas antes de cerrar su puerta–. A mí no me importa que seas empollona. Me pareces muy guay.

* * *

Aquella tarde, Yolanda preparó la lección de Francés para el martes, resolvió unas cuentas y dos problemas para el jueves y empezó el trabajo de los volcanes.

Después se tomó su tazón de leche con cacao y sacó su precioso cuaderno forrado de seda violeta. Dibujó una L gorda y verde, con patas de dinosaurio y unos dientes enormes y brillantes.

L de Lucas

3

A de Alas

LA mañana del viernes, Mariona, la profesora de Conocimiento del Medio, repartió en clase los trabajos corregidos.

—No estoy descontenta del todo –comentó mientras pasaba entre las mesas–. Se nota que el tema de los volcanes os interesa un poco, pero estos trabajos podían estar mejor y ser un poco más largos. Algunos alumnos solo han escrito tres renglones.

Apenas volvió a su mesa, Mariona descubrió la mano levantada de Yoli.

—¡Ah, sí, cariño! Falta el tuyo. Tienes un diez. Es un trabajo precioso, con mucho texto y sin faltas, y esos dibujitos de romanos huyendo de la erupción del Vesubio..., preciosos. Lo he dejado en la biblioteca para que forme parte de la exposición de fin de curso.

—Le ha dicho *cariño* –murmuró Candela poniendo mohínes.

—Lo habrá copiado de internet –comentó Jorge en voz alta para que lo oyese la profesora.

Pero Yolanda no tenía ordenador, tenía una enciclopedia en cinco tomos que su abuela le había comprado de segunda mano cuando empezó a leer de corrido. No dijo nada, pero empezó a sentir aquella angustia que casi le hacía vomitar cuando tenía una buena nota o destacaba en clase.

Lo que Yoli esperaba no tardó en llegar. Fue a media mañana, cuando bajaban al gimnasio. Notó como una mano agarraba la capucha de su chándal, tiraba con fuerza hacia atrás hasta casi clavarle el cierre de la cremallera en la garganta, y luego soltaba de golpe. Intentó conservar el equilibrio, pero le fue imposible. El horrible tirón la impulsó hacia delante y Yoli cayó de bruces sobre los bordes de los peldaños, para luego rodar cuatro o cinco escalones más.

—¡*Pompón* vaaaaaaa...! –gritaron varias voces entre risas.

—¡Niña! –venía diciendo la señorita Sara mientras bajaba la escalera lo más deprisa que podía–. ¿Te has hecho daño? ¿Con qué has tropezado?

—La han empujado –dijo muy bajito a su lado Teresa Cortés.

—¿Qué dices? ¿Cómo la van a empujar? Eso es imposible. Esas cosas no ocurren en este colegio –protestaba muy enfadada la señorita Sara con cara de tigre–. Teresa, no se pueden hacer esas acusaciones sin tener pruebas. No quiero volver a oírte decir eso tan horroroso.

Y después de comprobar que Yolanda podía andar, añadió:

—Anda, acompáñala a la enfermería.

—Te han empujado –aseguró Teresa sujetando a su compañera mientras iban por el pasillo de mayores hacia la enfermería–. Lo he visto. Ha sido Gonzalo.

—¡Menuda chufa! –exclamó la doctora al ver a Yoli–. Habrá que llamar a tu casa para que vengan a buscarte.

—No, no, déjelo. Estoy bien, no quiero que mi abuela se asuste.

Pero sentía la cara y las manos como si fuesen de corcho, y una rodilla le palpitaba como un despertador.

La doctora limpió bien los arañazos y desinfectó con cuidado la herida de la rodilla. Le untó de pomada los golpes y pronosticó:

—Mañana te dolerá todo el cuerpo y te saldrán cardenales, pero no parece que haya nada roto. Has tenido suerte, estas caídas de escalera son muy peligrosas. ¿Llevabas los cordones desatados?

Las zapatillas de deporte de Yoli eran de cierre de velcro, y claro, no tenían cordones, pero no le apetecía contestar. Aparte del dolor y el escozor de las heridas se sentía muy triste,

y lo único que deseaba era sentarse
en algún lugar donde no la viese nadie.

—Ven conmigo –dijo Teresa.

Y la llevó por un pasillo estrecho hasta un mirador, cerrado con cristales, desde el que se veía la calle perderse a lo lejos y al fondo, como en un dibujo, los picos nevados de la sierra.

Teresa la ayudó a sentarse en un butacón de mimbre, vestido con cojines de flores.

—Aquí estaremos bien –dijo acomodándose en el suelo, a su lado–. Este lugar solo lo usa doña Benita y hoy está fuera.

—¿Cómo sabes todo eso? –preguntó Yoli, que solo había estado en la zona de Primaria del colegio.

—Mi hermana mayor es delegada de clase y conoce bien el edificio –explicó Teresa, y enseguida preguntó–: ¿Por qué no le dices a la tutora lo que te están haciendo?

Yoli se encogió de hombros.

—¿Para qué? No me creería, ya ves cómo se ha puesto la señorita Sara. Además me convertiría en una chivata. Empollona y chivata. Gonzalo y su banda me molerían a golpes.

—Díselo a tu abuela.

—Uff, no. Mi abuela se enfadaría mucho y vendría a hablar con la directora, o llamaría a la policía, y luego… ya no podría seguir en el colegio, y mi madre…

Yoli temblaba solo con imaginar el disgusto en su casa, las llamadas preocupadas de su madre, los suspiros entrecortados de su abuela, perder la beca, los gastos, los cambios… Lo que más temía en el mundo era romper la silenciosa calma de su casa.

—¿Sabes? –decía Teresa–. A mí no me gusta lo que hace el grupo de Gonzalo, ni a Paty, ni a Jorge, ni a Keka… La mayoría de la clase lo pasamos mal cuando te pegan o te molestan, pero no podemos hacer nada. Si lo dijésemos, nos pegarían también a nosotros y, además, nuestra clase cogería mala fama y todo el colegio hablaría de nosotros. Hasta podríamos salir en la tele, ¿te imaginas?: «Maltrato escolar en el colegio *Las Alondras*». Nuestros padres se enfadarían muchísimo, hasta es posible que cerraran el colegio y...

Las apuradas explicaciones de disculpa de su compañera llegaban a Yoli como un murmullo.

El sol entraba despacito por los cristales que dejaban fuera el ruido de la calle. Un suave olor a tostadas recién hechas subía desde el comedor de profesores, y desde la clase de Piano, las escalas se escapaban bailando por el pasillo.

—... y como dice doña Benita –continuaba Teresa en voz baja–, en este colegio nunca ha ocurrido nada porque se cuida muchísimo la educación y la convivencia. ¿Recuerdas aquel mural que estuvo en el salón de actos el año pasado, el que hicieron los de quinto?

Estaba lleno de manos de papel
pegadas como si fuesen palomas y tenía
versos sobre la paz. ¿Y el vídeo sobre
la violencia? ¿Lo recuerdas?

Suave, suave... llegaba el murmullo
del recreo de los pequeñines.

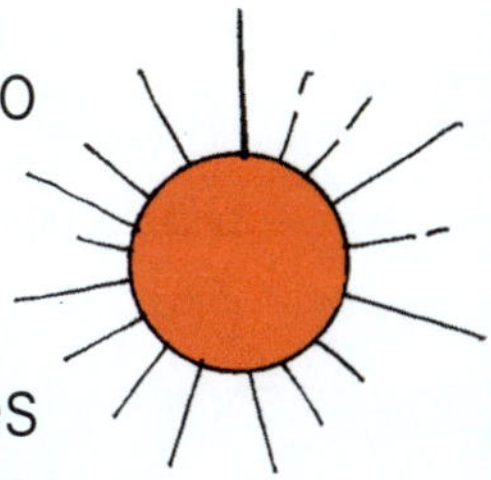

—... y nadie creería que Gonzalo es
capaz de ser tan bruto. ¿Le has visto
cuando vuela para abrir la puerta a los
profesores? ¿O cuando corre a recoger
cualquier cosa que se les cae? Parece
muy educado y muy atento porque dice
«Gracias» y «Por favor», pero es un falso.
Lo hace para que crean que es bueno,
pero en el fondo...

—¿Qué hacéis aquí? –preguntó una voz
desde la puerta.

Yolanda dio un respingo en la butaca
y Teresa se puso de pie de un salto.

—¿Qué hacéis aquí? –volvió a preguntar la señorita Sara muy enfadada.

—Yolanda estaba descansando. Le duele la rodilla y...

—Vamos, vamos, a clase.

* * *

La abuela se asustó mucho cuando vio entrar a Yoli con dos tiritas en la frente, la barbilla amoratada y una rodilla vendada.

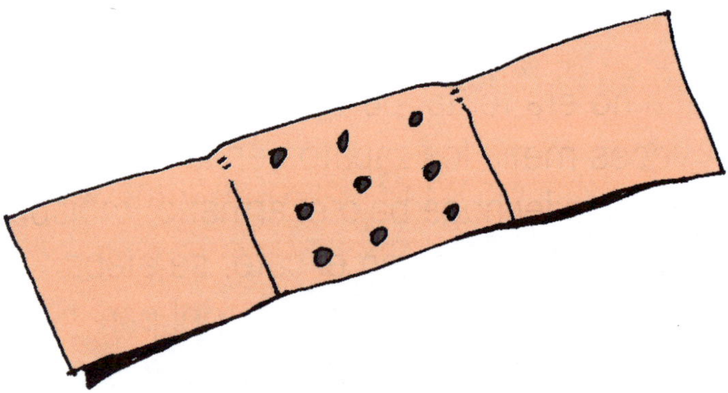

—Me he caído por las escaleras.

—Pero hija..., pero hija... –repetía la abuela mientras la abrazaba.

—Ya vengo –dijo Tutía acercando muy solícita el frutero.

Tutía era la hermana de la abuela. En realidad su nombre era Antonia, pero Yoli la había llamado siempre Tutía porque los vecinos del antiguo barrio le preguntaban a todas horas:

—¿Y tu tía? ¿Es tonta?

Tutía no era tonta, pero sí un poco rara. A veces metía los zapatos en la nevera y ponía la lechuga bajo el armario; mojaba la tortilla de patata en el café; se ataba su coleta gris con el alambre del pan de molde; regaba los geranios todas las tardes, aunque no tenían ninguno;

caminaba por la casa con los zapatos de lunares de su traje de sevillana, que ya no conservaba; preparaba bocadillos con el chorizo por fuera y una loncha de pan en el centro... Casi no hablaba, rara vez salía a la calle, y nunca sola. Andaba como perdida, canturreaba canciones desconocidas o lloraba despacito sin decir nada.

La abuela preparó a Yolanda un tazón de leche con cacao y se sentó junto a ella mientras se lo tomaba.

—He estado pensando en las cosas que necesitas para vestirte de ángel –empezó la abuela sacando su bolsa de labor–. El vestido no es problema, te lo puedo hacer con cualquier retal de tela. Las sandalias... no sé. No es cosa de comprar unas sandalias en pleno invierno, pero podemos forrar de papel de plata las chanclas de la piscina y quedarán estupendas. El problema son las alas.

—¿Por qué?

—Unas alas de ángel no se pueden improvisar en casa. He preguntado en la tienda de disfraces, pero son muy flojas y, además, carísimas. He preguntado por teléfono en una casa de alquiler, y son mucho más caras. No sé qué hacer.

—¿Y si llamamos a mamá?

—Cariño –respondió la abuela con tristeza–, mamá está en Moscú. Ni siquiera podrá venir a tiempo para Navidad. Si la llamamos, solo conseguiremos entristecerla y preocuparla, y no podemos pedirle más dinero. Ya envió demasiado el mes pasado para arreglar la calefacción.

—Podemos hacer unas alas de cartulina –apuntó Yoli.

—O de lentejas –dijo Tutía dando palmadas.

—Ya se nos ocurrirá algo. Tenemos casi un mes para pensarlo.

Mientras hacía la tarea, Yoli escuchaba divertida las ocurrencias de su tía, que iba de un lado a otro por el oscuro pasillo taconeando con sus zapatos de baile.

—¡De caramelos! ¡Podemos hacer unas alas de caramelos! O de escobas…, de cucharas…, de bicicletas…, de pelusas…, de pajaritos…, de azúcar…

* * *

Aquella tarde, Yolanda hizo el dibujo para la clase de Conocimiento del Medio, pasó a limpio los apuntes de los verbos, resolvió unas divisiones y se leyó tres capítulos del libro de lectura de Francés.

Luego, tras tomarse su delicioso tazón de leche con cacao, Yoli volvió a dibujar en su cuaderno de seda violeta una A grande, cubierta de alas de mariposas de todos los colores.

A de Alas

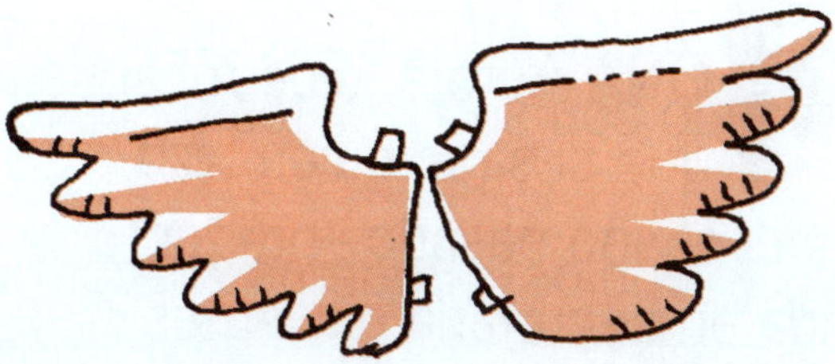

4

A de Alas, otra vez

—DOÑA Aurora, dice mi abuela que si sabe quién hizo de ángel el año pasado –preguntó Yolanda en secretaría el viernes por la tarde.

—Pues claro; Daniel Berruezo. Ahora cursa cuarto C.

—¿Me podría dar el teléfono de su casa? Mi abuela quiere hablar con su madre para ver si tiene las alas.

Doña Aurora buscó en el fichero y apuntó el número en una tarjeta.

Y aquella misma tarde, la abuela habló con la madre de Daniel Berruezo.

—Sí, sí, claro..., comprendo..., sí, señora. ¿Y no sabe usted quién me podría dejar unas alas para el día

de la representación? Ya, sí..., claro..., sí... Bueno, gracias por atenderme. Adiós.

—No tiene alas –comentó la abuela mientras colgaba el teléfono–. Alquiló el traje completo.

—¿Y ya no lo tiene?

—Claro, Yoli –explicó la abuela–. Cuando alquilas algo, pagas por tenerlo un tiempo y luego tienes que devolverlo. En el caso de un disfraz, se puede alquilar por unos días y luego hay que llevarlo de nuevo a la tienda.

Esa misma explicación le dio Yolanda a Lucas cuando lo comentaron el sábado en los escalones del patio.

—Podríamos hacerlas de cartulina –apuntó Lucas.

—Necesitaríamos muchas y se doblarían.

—Las pegamos a unos alambres.

—Pesarían demasiado y quedarían muy torcidas.

Lucas se sentó y se quedó pensando con casi toda la cabeza del dinosaurio en la boca.

—De papel de rollo.

—¿De rollo?

—Sí, del váter.

—¡Ah! –rio Yoli–. Tendría bromas y burlas hasta que acabara el Bachillerato.

—De algodón.

—Demasiado caro.

—De plumas de gallina.

—De folios recortados.

—De guantes.

—De...

Todo el sábado lo pasó Yolanda escuchando sugerencias de Lucas, y de su padre, del quiosquero, de la chica de la papelería, de Tutía y hasta de su compañera Teresa, que la llamó para saber cómo estaba de sus golpes.

—Podrías hacer unas alas recortadas de goma eva.

—¿Qué es eso?

—Una goma finita que venden en las tiendas de manualidades. Lo he visto en la tele, en los programas de bricolaje.

—Se lo diré a mi abuela.

—También podrías pedirle las alas a Casilda Lope de Villahermosa. Es mayor; del curso de mi hermana. Ella fue ángel cuando estaba en tercero y le hicieron el traje en una casa de modas de esas famosas.

—¿Tienes el teléfono?

—No –contestó Teresa–. Pero vive muy cerca del colegio, en la casa con jardín que hay en la esquina.

—¿En qué piso?

—En toda la casa –y muy preocupada añadió–: Yoli, no le digas a nadie que te he llamado.

* * *

El domingo por la tarde, Yolanda y su abuela fueron a casa de Casilda.

—Qué casa tan grande –comentó la abuela antes de llamar en la cancela.

—Y qué apellido tan largo –dijo Yoli mirando el buzón.

Primero atravesaron un trozo de jardín muy cuidado, y luego esperaron un poco frente a una puerta adornada con clavos dorados.

—¿Qué desean? –preguntó una chica uniformada.

—Queremos hablar con la madre de Casilda –dijo la abuela.

—¿De parte de...?

—Soy la abuela de una compañera de colegio de Casilda.

—Esperen aquí, por favor.

De nuevo tuvieron que esperar un rato en una salita muy decorada con jarrones, cuadros y plantas subidas en banquetas, hasta que una señora muy maquillada apareció por una puertecita del fondo.

—Buenas tardes. Soy la madre de Casilda. ¿Quería hablar conmigo?

La abuela le contó que Yoli había sido elegida para ser el ángel del Nacimiento.

—Oh, sí. ¿Tú vas a ser el ángel este año? –dijo la señora cogiendo de la dolorida barbilla a Yolanda–. Siéntense, por favor. Es un gran honor para cualquier alumno ser el ángel de esa representación tan emocionante. Mi Casilda estaba preciosa. Es que mi Casilda es tan estudiosa y tan inteligente...

Y empezó a hablar de su hija y del colegio, del que ella era antigua alumna, y de la buena educación y la preparación que daban a los niños. Después pasó a hablar de la representación del Nacimiento y de cómo lo organizaban cada año, intentando superarse.

—Este año, mi Casilda hace de Virgen María –continuaba la señora–. Le están haciendo el traje en Artemoda. ¿Conoce usted esa tienda? Lleva un traje de raso azul bordado en cordoné y un velo de tisú de gasa que…

Después de dos horas de hablar de su hija y de vestidos, y de aconsejar a la abuela cómo debía peinar y maquillar a Yolanda, y de presumir de los personajes importantes que iban a asistir a la representación del Nacimiento viviente, la madre de Casilda preguntó:

—¿Desean tomar algo?

—No, no –aseguró un poco cansada la abuela–. No queremos molestarla. Verá, señora, necesitamos unas alas para el traje de ángel y pensábamos que tal vez usted fuese tan amable de prestarnos las que llevó su hija.

—Oh, cuánto lo siento –dijo la madre de Casilda levantándose de golpe–. Es que tengo por costumbre entregar los vestidos y la ropa que no usamos a los roperos de beneficencia. No conservo el traje de ángel pero, si quiere, puedo recomendarla al modista de Artemoda para que le haga el traje a su nieta.

—No, no se moleste. Ya lo solucionaremos –dijo la abuela, y tiró de Yolanda, que casi se estaba quedando dormida de aburrimiento.

—Una tarde perdida –comentó la abuela cuando estuvieron en la calle.

Y antes de que Yoli contestara, le dieron un papel escrito y la empujaron hasta sentarla en una silla.

—Tendrás que aprenderte esto.

—¿Ahora mismo?

—No, mujer. Para el día veintitrés.

Yolanda lo miró por encima.
Era como una poesía un poco larga, pero no le pareció difícil de aprender.

Se encendieron unas luces muy fuertes, y un chico empezó a sustituir unos cristales por otros para que la luz se tiñese de colores distintos.
Ajustaron los focos sobre la cara de Yoli y empezaron a cambiar luces.

—¿De qué color vas a llevar la túnica?
–preguntó el chico que movía las luces.

—Pues...

—Vamos, ya debes de tenerla. ¿De qué color es?

—¿Qué es una túnica?

Las tres mayores se rieron divertidas.

—Es el vestido. El vestido que vas a llevar. ¿De qué color es?

Llevaba tanto tiempo preocupada por las alas, que Yolanda no se había vuelto a ocupar del vestido. Ni siquiera le había preguntado a la abuela, ni la había visto coser. La abuela, como todas las tardes, después de preparar la cena y la ropa para el día siguiente, se sentaba frente al pequeño televisor de la sala mientras hacía ganchillo. Aquellas enormes colchas tejidas a ganchillo que luego vendía a las vecinas o que le dejaban exponer en el escaparate de la tienda de lencería de la acera de enfrente, hasta que alguien las compraba.

—¿Conoces los colores, verdad? –apremiaba el chico de las luces.

—Sí.

—Pues vamos, ¿de qué color es la túnica? No podemos perder toda la mañana en esto.

—Rosa, azul, malva... –intentaba ayudar una de las chicas.

—Dorada –dijo Yolanda sin saber por qué.

—¿Dorada? –exclamó la señorita Sara, que se había acercado a ver qué era lo que entorpecía las pruebas–. ¡Qué original!

* * *

Aquella tarde, Yolanda volvió a su casa muy preocupada. ¿De dónde iba a sacar una túnica de esas, dorada?

Entró al portal. Para llegar a casa de Yoli no había que subir escaleras ni tomar el ascensor; había que bajar un tramo

de empinadas escaleras de piedra,
porque vivía en el bajo.

El piso de la abuela, y el de los porteros, estaba debajo del portal, y las ventanas, que daban a la calle quedaban a ras de la acera.

Por eso, desde su cama, Yoli podía ver pasar cientos de zapatos de un lado a otro de la ventana y estrellarse las gotas de agua cuando llovía.

Algunas noches de otoño, las hojas secas se arremolinaban junto a los cristales refugiándose del viento, y los papeles formaban corrillos.

Y, a veces, la abuela tenía que quitar una piel de plátano, una lata de refresco o alguna caca de perro de las ventanas.

Yolanda entró en casa sin saber cómo decirle a su abuela lo que había pasado en el ensayo.

Tutía, sentada en una silla, hacía y deshacía trenzas con los flecos de la cortina mientras tarareaba un anuncio de la tele.

—¿Qué pasa? –preguntó la abuela apenas vio la cara de Yolanda.

—He metido la pata.

Y le contó a su abuela lo que había sucedido en el ensayo.

—¿Por qué se te ocurrió decir dorada?

Yolanda se encogió de hombros.
Tal vez se le ocurrió porque el angelito de terracota que tenía en la lamparita de la mesilla llevaba un vestidito dorado.

—Bueno –dijo la abuela muy segura–. Si quieres la túnica dorada, será dorada.

Y no volvió a hablar del tema, pero Yoli no la veía coser, ni llamar a nadie para conseguir las alas, ni preparar nada.

Desde la ventana de la cocina, que daba al patio, Lucas le había asegurado varias veces en voz baja:

—Tu abuela lo está preparando todo. Seguro.

Y un sábado le dijo casi por señas:

—Tu abuela le ha pedido a mi padre que haga algo de eso que hace él con metal y un martillito.

El padre de Lucas, además de ocuparse de la vigilancia y la limpieza del edificio, en sus ratos libres hacía platitos, servilleteros, portavelas, cajitas y bandejas de metal con dibujos que grababa con un pequeño cincel y un martillo.

Yolanda respetaba mucho al padre de Lucas. Era muy importante tener un padre.

A veces, sobre todo aquellas noches en las que no podía dormir, Yolanda pensaba en su padre. Casi no sabía nada de él. No había ninguna fotografía suya en toda la casa, ni siquiera en el álbum que guardaba la abuela en el mueble de la tele. Tampoco le habían contado nada. Solo sabía que había muerto cuando ella era un bebé; y si preguntaba detalles sobre a qué se dedicaba o cómo había muerto, Yolanda notaba como se ensombrecía la cara de su abuela y cómo cambiaba de conversación enseguida. También había preguntado a su madre la Navidad anterior, pero ella solo había dicho: «Era un aventurero», y había salido de la habitación para que no preguntase más.

Por eso Yoli se lo imaginaba como un explorador, un investigador o un espía. Había dibujado a su padre vestido como Indiana, hasta con su látigo y todo, y le había hecho un marco de cartón

imitando piel de serpiente, para ponerlo en su librería, junto a la foto de su madre, que era bailarina y viajaba de teatro en teatro por todo el mundo.

La madre de Lucas no era bailarina y solo viajaba a su pueblo en verano, pero siempre estaba dando achuchones a Lucas, y unos besos tan apretados y sonoros que se oían por todo el patio.

Estas eran las cosas que solía pensar Yolanda cuando los sonidos de los canalones, los manotazos del viento o los rascaditos de los ratones en la pared del patio no la dejaban cerrar los ojos.

Pero aquella noche, después de haber cepillado y peinado de mil maneras la larga coleta gris de Tutía, tras preparar la tarea para toda la semana y tomarse su tazón de leche con cacao, Yolanda se sentó frente a su cuaderno forrado de seda violeta y recordó todo lo ocurrido aquel día. Desde el momento en que Candela la pinchó «sin querer» con su lápiz recién afilado a primera hora de clase hasta lo ocurrido en el salón de actos, pasando por los abucheos y silbidos cuando leyó su trabajo sobre el invierno, los cartelitos de «¡Cuidado: pringa!» colocados a su alrededor mientras comían, y el golpe contra el surtidor del patio que todavía le dolía un poco.

Tutía repasaba sobre la mesa de la cocina su antiguo álbum de cromos de jugadores de fútbol, recitando los nombres entre dientes y dando un pequeño gritito cuando llegaba a alguno muy famoso. Siempre daba el mismo grito, siempre en el mismo cromo, siempre del mismo manoseado álbum de cromos.

Yolanda bostezó cansada. El día terminaba en su casa como siempre, tranquilo, en calma, como si no fuese la antesala de otro día horrible entre gritos, empujones, risas e insultos.

Todo por ser empollona. ¿Cómo podría dejar de ser empollona? El diccionario decía que un empollón es un estudiante que destaca más por su aplicación que por su talento. ¿Cómo podía tener más talento? ¿En qué se notaba el talento?

Fue a por el diccionario y buscó: «Talento: inteligencia, capacidad de entender».

«Pero yo entiendo bien todo lo que estudio, no soy un papagayo –pensaba Yoli–. Entonces, si tengo talento, no soy una empollona. Seguro que Gonzalo no sabe distinguir el talento, por eso me llama empollona».

Pero en el fondo, daba igual que fuese o no una empollona; nada le iba a librar de los ataques y las burlas de sus compañeros.

Bostezó de nuevo y empezó a dibujar en su precioso cuaderno una T llena de cintas doradas.

T de Túnica

6

G de Gonzalo

UNA mañana, al salir para el cole, Yoli se encontró a Lucas en el portal.

—Te estaba esperando –dijo el chico muy nervioso–. Mira, ya sé lo que es un pompón.

Y le tendió algo que llevaba en la mano.

—¿Qué es esto?

—¿No lo ves? Es una bolita hecha con lana como la de los jerséis. Mi madre

las sabe hacer. Está haciendo una chaqueta para mi primita, y lleva muchos de estos pompones.

Yolanda miró aquella bolita de lana. ¿En qué se parecía a ella?

—¿Estoy gorda? –preguntó.

—No.

—Tampoco tengo el pelo rizado de bola.

—No –dijo Lucas mirándola, porque nunca se había fijado.

—Entonces, ¿por qué me llaman *Pompón?*

Lucas se encogió de hombros y corrió para aprovechar el semáforo, que se había puesto en verde.

Yoli llegó al colegio decidida a averiguar por qué la llamaban así, pero tuvo que dejarlo para más tarde. La clase estaba revolucionada. La señorita Flora quería formar equipos por parejas para hacer un concurso de lectura. Competían los tres cursos de tercero, y el premio era una moderna consola de videojuegos para cada uno de los componentes del equipo.

—Vosotros mismos formaréis los equipos. Serán equipos de dos lectores cada uno –explicó la señorita Flora–. Cuando lo tengáis decidido, me lo dais apuntado en esta hoja.

Yoli empezó a huir cuando vio que media clase corría hacia ella.

—Yo contigo, yo contigo –gritaban los compañeros.

—No, no. Yo no quiero competir.

—Es obligatorio. Lo ha dicho la señorita Flora.

—Entonces yo voy con... –dudó Yoli un momento tratando de elegir el compañero que le diese menos problemas– ... con Teresa.

—De eso nada –dijo la voz demasiado amable de Gonzalo–. Tú formas equipo conmigo. Todos saben que somos... muy... buenos... amigos, ¿verdad, *Pompón?*

Yoli le miró. Esa era una buena ocasión para dejarle tirado. Era el momento justo para devolverle todos los malos ratos que llevaba vividos desde primero de Primaria, pero... ¿qué ocurriría si se negaba a formar equipo con él?

Mientras Yoli pensaba lo que iba a responder, el resto de sus compañeros se retiraron de su lado y empezaron a formar sus propios equipos, dando por seguro que Gonzalo iba con ella.

—Como se te ocurra decir que no –dijo el chico en voz baja y amenazadora–, te arranco los pendientes de un tirón.

Yolanda sintió un escalofrío y no dijo nada. Entró en clase y se quedó arrebujadita en el fondo, temblando entre los abrigos, hasta que sonó el timbre anunciando el recreo.

* * *

Los días siguientes fueron de mucho ajetreo para Yolanda. Los ensayos del Nacimiento, las evaluaciones de antes de vacaciones, el texto que tenía que aprender para su actuación y la competición de lectura se llevaban todo su tiempo. Por lo menos Gonzalo la dejaba en paz. El chico estaba muy preocupado por el mal resultado de sus propias evaluaciones y porque en el torneo de lectura los dos miembros de cada equipo tenían que leer en público, delante de todos los cursos de Primaria, y él leía trabándose y cometiendo muchos errores.

Una tarde, cuando Yoli se disponía a correr hacia su casa para no encontrarse con nadie, se tropezó con el brazo de Gonzalo que le cerraba el paso.

—Eh, tú, *Pompón.* Espera un momento, que quiero hablar contigo.

Yoli temblaba, pero intentó que no se le notase. Al fin y al cabo, aquel bruto no iba a pegarle en el patio, delante de todos.

—Si queremos ganar la competición de lectura, tenemos que trabajar.

—Yo no tengo interés en ganar esa competición –dijo Yoli muy pálida–. Y no necesito trabajar mi lectura.

—Pero a mí sí que me interesa ganar. Quiero conseguir esa videoconsola, y mi padre no me la piensa comprar hasta que no saque buenas notas, y al paso que voy… –dijo Gonzalo con mal gesto–. Tienes que ayudarme o…

—Si me pegas, se enterarán los profesores y no podré ayudarte –se atrevió a decir Yoli aunque casi no encontraba su voz.

—Entonces, ¿qué quieres a cambio?

—Yo te ayudo a mejorar tu lectura, y tú dejas de pegarme y de hacerme sufrir para siempre.

—Para siempre no –dijo Gonzalo, que estaba decidido a regatear el precio–. Hasta febrero.

—Hasta abril –ofreció Yoli.

—Vale. ¿Cuándo practicamos?

Las dos semanas siguientes, Yoli y Gonzalo se reunieron en un rincón del patio durante el primer recreo, para practicar la lectura.

Al principio, el chico se encontraba muy incómodo y se enfadaba y daba patadas en el suelo cada vez que no conseguía leer ni tres palabras seguidas, pero poco a poco empezó a sentirse más seguro y a avanzar. Yoli le enseñó a leer la palabra siguiente de la que iba diciendo; le hizo notar la diferencia entre la coma, el punto, y el punto y coma. Le enseñó a respirar entre frases,

y a dar la entonación correcta
según el sentido de la lectura.

Pero no solo leían y practicaban. A veces descansaban y hablaban de cosas que les habían ocurrido o comentaban algún detalle del texto que estaban leyendo. Poco a poco, Yolanda perdió el terror que sentía hacia aquel chico y Gonzalo empezó a darse cuenta de que Yoli era mucho más interesante de lo que se imaginaba.

Un día, en un descanso, después de haber leído sin interrupción un trozo muy largo, Yolanda se atrevió a preguntar de golpe:

—¿Por qué me llamáis *Pompón?*

—Pues... –Gonzalo no quería enfadar a Yoli ahora que no solo leía mucho mejor, sino que empezaban a mejorar también sus notas en Lengua, en *Cono,* en Francés y hasta en *Mates.*

—Quiero saberlo –insistió Yoli.

—Pues… como siempre llevas el uniforme tan gordo…, se te ve así, como redonda, como una bola de lana.

—¿Uniforme gordo? Me lo hace mi abuela todos los años y es igual que el que venden en las tiendas.

—Igual no es –dijo Gonzalo–. Es más gordo.

—Bueno, es que la chaqueta está tejida a mano y el punto queda más flojo que cuando se hace a máquina.

—La falda también es más gorda –apuntó Gonzalo.

—Porque mi abuela hace las tablas como tienen que ser, hasta el fondo del pliegue, y no solo al borde, como las que venden hechas.

—Buff… Yo no entiendo de costura, pero el uniforme parece más gordo –insistió Gonzalo recogiendo los libros.

—Pues no me gusta que me llames *Pompón.* Yo no tengo la culpa de que mi abuela me haga el uniforme y a ti no te guste –dijo Yoli muy molesta–. Yo no te llamo a ti *Soplillo Volador* aunque tengas esas orejas, porque tú no tienes la culpa de tenerlas así y no te las puedes cambiar.

Y dando un respingo, recogió su carpeta y subió a clase con la cabeza muy alta.

—*¿Soplillo Volador?* –repitió Gonzalo tocándose una oreja.

Y levantando la voz para que le oyese Yoli, aclaró:

—¡Lo siento! ¡Ya no te llamaré más *Pompón!*

* * *

Aquella tarde, después de hacer un mapa, tres páginas de problemas y una redacción sobre la nieve, y después de estudiar dos lecciones de solfeo y repasar la representación de Navidad, Yolanda se tomó su tazón de leche con cacao. Se disponía a dibujar su palabra en el precioso cuaderno de seda violeta cuando la abuela apareció en la sala con un envoltorio.

—Cariño, quiero que te pruebes la túnica por si hay que retocar algo.

Yolanda se levantó de un brinco y pudo ver como su abuela desdoblaba con cuidado una preciosa túnica de un dorado suave y brillante. Se la probó despacito para no mancharla. Era larga, casi hasta los tobillos, con pliegues y recogidos como las de los ángeles de los cuadros. En el cuello, en el bajo y también en el borde de las mangas, llevaba una cinta de un dorado más intenso. En la cintura, un cordón blanco y dorado hacía de cinturón y se remataba con una borla de cadenitas.

Yoli reconoció aquella borla.

—Abuela, esto es de las cortinas de tu cuarto. El cordón que sujeta las cortinas y... –de pronto se dio cuenta–. ¡Esta tela es de tu cortina! ¡Es tu cortina dorada!

—Es solo el forro, Yolanda.
No te preocupes. ¿Te gusta?

—Me encanta. Es preciosa.
Parece de verdad.

La abuela sonreía mientras intentaba ajustar un alfiler.

—Para quieta, te voy a pinchar.

* * *

Yoli volvió a su cuaderno mientras la abuela doblaba la túnica para que no se arrugase.

Desde la cocina llegaba la voz de Tutía que regañaba al gato, aunque en casa de Yolanda nunca habían tenido gato.

Yoli sacó punta a sus colores favoritos y empezó a dibujar una G muy redonda con rayos rojos y estallidos amenazadores.

G de Gonzalo

7

P de Principito

YOLANDA y Gonzalo pasaron con éxito la primera y la segunda selección del torneo de lectura. Ya solo quedaba la final. Se enfrentaban a dos equipos de tercero B.

Toda la clase estaba revolucionada por la final de la competición y porque era el último día de clase antes de las vacaciones de Navidad. Todos hacían apuestas y pronósticos.

—Gonzalo fallará al final –decía Jorge–. Se pondrá nervioso, y con esos prontos que tiene...

—Si no se ha puesto nervioso en las dos eliminatorias, no creo que se ponga en la final –opinaba Nely.

La final era en el aula de Música, porque el salón de actos estaba ocupado con los preparativos del Nacimiento viviente, que –como todos los años– se representaría la víspera de Nochebuena.

Al acto estaban invitados los padres de los alumnos, pero Yoli no había dicho nada en casa porque no le parecía que fuese tan importante y porque sabía que a su abuela no le gustaba dejar sola a Tutía. La tarde en que la madre de Casilda les entretuvo tanto rato hablando de su hija, Tutía se dedicó a colocar todos los cacharros de la cocina, incluidos los cubiertos, en fila india por todo el pasillo y la sala de estar.

—¿Estás nervioso? –preguntó Yoli a su compañero.

—Bah..., un poco.

Pero Gonzalo se puso como un flan cuando descubrió el bigote de su padre sentado en primera fila.

—Ahora me saldrá mal, me equivocaré, me saltaré renglones...

—Verás como no –intentaba calmarle Yoli–. No pienses en que está tu padre, no le mires.

Pero Gonzalo seguía temblando.

Sentaron a las tres parejas que componían los equipos en tres mesas separadas en el escenario. A Yoli y Gonzalo les tocó la del centro.

—Justo delante de las narices de mi padre.

—No le mires –insistía Yoli en voz baja.

Comenzó a leer el primer equipo.
Lo hacían bien, pero a Yoli le pareció
que uno de los dos chicos gritaba
demasiado.

El público y los profesores del jurado
aplaudieron con ganas.

Ahora les tocaba a ellos.
Yoli veía como temblaban
las manos de Gonzalo.

La señorita Flora les pasó
los dos ejemplares iguales
del libro que tenían que leer,
con el trozo seleccionado
señalado con unas pegatinas.

—¡Qué suerte! –dijo Yoli muy excitada–.
Es *El Principito.* ¿Lo has leído?

—No.

—Lee despacio –indicó Yoli–. Es el capítulo del zorro. Todo ocurre en un lugar muy silencioso, y lo más importante es lo que dicen los personajes. Sobre todo, lee despacio y sin gritar.

Se hizo el silencio en la sala de Música y Yoli empezó a leer muy emocionada el texto de su cuento favorito. Contagiado por su emoción y con el temblor de su propio miedo, entró Gonzalo en el momento que le correspondía y leyó cada párrafo sin equivocarse hasta terminar.

La gente aplaudía como loca. Hasta se oyó un «¡Bravo!» por algún lugar de la sala.

Mientras leía el otro equipo, Gonzalo la miró, y Yoli pudo ver que le brillaba una lágrima muy escondida en la esquina de uno de sus ojos.

Cuando el público terminó de aplaudir al tercer equipo, todo se quedó en silencio.

La señorita Flora subió al escenario y anunció:

—Les rogamos que no se muevan de sus asientos. El jurado del certamen de lectura dará a conocer su fallo en unos minutos.

Unos minutos que fueron horas para Gonzalo. Yoli le veía retorcer las manos, torcer la boca, rascarse la cabeza, enderezarse, volverse a agachar...

De nuevo subió la señorita Flora al escenario y empezó a colocar las fichas que llevaba en las manos. Comprobó si funcionaba el micrófono y muy nerviosa leyó:

—El tercer premio, diploma de honor y un fantástico lote de libros infantiles, es para... Melisa Suárez y Raquel Cimera, de tercero B.

La gente aplaudía y sacaba fotos a las dos chicas, que salieron a recoger su premio con una sonrisa un poco desilusionada.

—El segundo premio, diploma de honor
y una cámara de fotos digital,
es para...

Gonzalo se removía en su silla como
si tuviese el cuerpo lleno de pulgas.

—... es para Carlos López y Julio Salinas,
también de tercero B.

De nuevo los aplausos y las fotos.
Yolanda tuvo que sujetar a Gonzalo,
que ya se sabía ganador y saltaba
con silla y todo.

—Y el primer premio, señoras y señores,
por su preciosa y emocionada lectura
de *El Principito,* es para... Gonzalo Martín
y Yolanda Garrido, de tercero A.

Gonzalo saltó de su sitio y dando
tumbos llegó al centro del escenario.

Solo entonces se dio cuenta de que había dejado a Yolanda encerrada entre la pesada mesa y la pared, y volvió corriendo para ayudarla a salir.

El público reía con ganas el aturdimiento de Gonzalo, y no dejaba de aplaudir.

Ya más tranquilo, mientras recogía su diploma y su videoconsola, Gonzalo se atrevió a mirar a su padre, que aplaudía muy fuerte con la cara roja y el pecho hinchado.

Después del acto, todos los compañeros se arremolinaron a su alrededor para felicitarles, hacerse fotos con ellos y curiosear las consolas.
La señorita Flora se acercó al padre de Gonzalo y le estuvo hablando del enorme progreso que había hecho su hijo desde que estudiaba con Yolanda.

—¿Esta es tu amiga Yolanda? –preguntó a su hijo el padre de Gonzalo.

—¿Mi amiga? –dudó, asombrado, Gonzalo–. Ah, sí, sí. Es... Yolanda.

—¿La misma Yolanda de la que hablabas siempre? ¿La empo..., la estudiosa?

—Sí.

—Pero si es muy mona... –dijo el padre de Gonzalo, como si le extrañase que Yolanda no tuviera enormes verrugas, cuernos, colmillos o que no echase fuego por la boca.

—Ya es hora de salir. ¿Quieres que te acerque a casa en el coche? Esa consola pesa demasiado para una niña tan pequeña como tú.

—No, gracias. Vivo muy cerca –contestó Yolanda, que nunca se iba con desconocidos, ni siquiera con conocidos, si no era su abuela.

Gonzalo y Yolanda subieron a clase corriendo para coger los abrigos y las mochilas. Los pasillos estaban desiertos y en algunas clases solo se encontraban las señoras que se ocupaban de la limpieza levantando las mesas y barriendo el suelo.

Yoli agarró su mochila para ponérsela a la espalda y notó como chorreaba.

—¡Está empapada! –gritó.

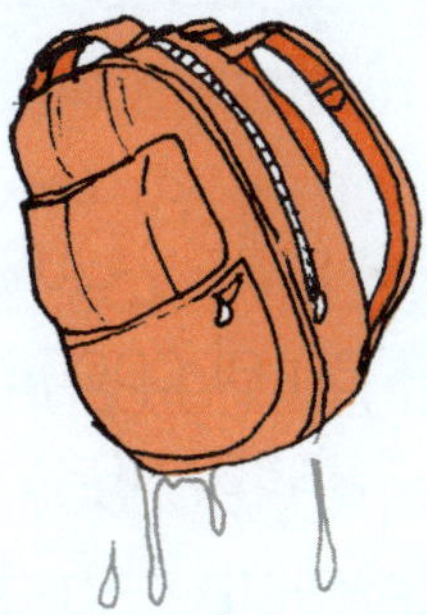

—¿Qué? –preguntó Gonzalo casi desde la puerta.

—Mi mochila. Es como si se hubiese caído a un pozo.

El chico se aproximó receloso. Acercó la nariz y sentenció:

—No es agua.

—¿No? ¿Qué es?

—Es pis.

* * *

Aquella tarde, después de no hacer la tarea, porque todos los libros y los cuadernos se habían echado a perder, y después de tomar su tazón de leche con cacao entre suspiros, sorbetones y un enorme dolor de cabeza de tanto llorar, Yoli recordó, echada en la mesa, el momento de recibir su premio y los aplausos y la mirada agradecida del padre de Gonzalo. Recordó también el beso de la señorita Flora y el disgusto que se llevó cuando se enteró de lo que había pasado con la mochila.

—¿Cómo es posible que hagan algo así? ¡Que son niños! ¡Niños! ¿Dónde vamos a llegar?

Y había añadido intentando consolar a Yoli:

—Es la envidia, tesoro. La envidia, que es muy mala.

Yoli recordaba especialmente la cara avergonzada de Gonzalo cuando se acercó para despedirse.

—Me tengo que ir, mi padre me espera en la puerta.

Y en voz más baja explicó:

—Yo no he sido. Esta vez, no. Tenemos un trato y yo cumplo mis tratos.

—Entonces, ¿quién ha sido? –había preguntado Yoli llorando.

—Ellos –contestó Gonzalo casi sin voz–. Pero no lo harán más. Nadie te molestará. Te lo prometo.

Lo más bonito era el recuerdo del momento de la lectura y la emoción de su voz y de la de Gonzalo, alternándose en el silencio de la sala. Y Yoli abrió su suave cuaderno de seda violeta y dibujo una P azul muy adornada con rosas y soles.

P de Principito

8

A de Abuela

AMANECIÓ un domingo precioso. Hasta calentaba un poquito el sol a pesar de que era veintitrés de diciembre. Frente al colegio *Las Alondras* se amontonaban los coches esperando que abriesen el jardín para aparcar dentro. Algunas familias aguardaban, intentando entretener a los más pequeños hasta que abrieran las puertas del salón de actos.

—Creo que este año se han superado –opinaba muy nerviosa una señora–. El traje de la Virgen es de diseño.

—A mí lo que más me gusta es la bajada del ángel –comentaba un abuelo que llevaba más de ocho años asistiendo a la puesta en escena del Nacimiento viviente.

A las once en punto se abrieron las puertas y la gente entró corriendo para coger un buen sitio.

—¡Qué precioso es este salón de actos!

—Parece que lo han pintado este año, ¿no?

—No –decía una señora muy enterada–. Lo que han pintado este año es el gimnasio.

—Pues no estoy muy segura –comentaba desde la primera fila la mamá de Casilda a sus amigas–. La niña que hace de ángel es un poco... cómo diría... rústica.

—Para ser el ángel, tiene que ser la mejor –dijo una de sus amigas.

—Sí, sí, claro. La más aplicada, la más estudiosa, pero ¿sabes? Vino con su abuela a mi casa y...

Y la madre de Casilda contó aquella visita según su propia versión.

—Y no quise dejarle el traje de ángel de Casilda. Figúrate, una niña como esa con el traje de mi Casilda.

—Pero a Casilda ya no le debe de valer –apuntó su amiga.

—No, claro. Pero, mira, no me dio la gana dejárselo. Que se apañen como puedan, que luego parecemos todas iguales.

—Creo que estuvieron por ahí buscando a alguien que les dejase unas alas –comentó la madre de Francisco Ciruelo–. Doña Benita me llamó personalmente para ver si podía dejarles la túnica y las alas de Francisco. Me dijo que era una familia sin muchos medios y…

—Pues si no pueden, que no traigan a la niña a este colegio –comentó muy estirada la madre de Casilda.

—Pero si la niña lo merece, habrá que ayudarla, ¿no? –comentó la amiga de la madre de Casilda, y preguntó esperanzada–: ¿Llevará entonces el traje y las alas de Francisco?

—No, no. Le dije que tenía el disfraz en la casa de la playa.

—Pues… no sé, me temo que este año el ángel nos va a estropear la fiesta.

Una música muy suave y la disminución de la luz en la sala anunciaron el comienzo del espectáculo. Poco a poco, se fue haciendo el silencio y llegó un momento

en el que solo se oía el balbuceo
de un bebé y el arrastrar de pies sobre
la moqueta del operador de vídeo,
que preparaba la grabación.

Se abrieron las cortinas y el público
contuvo la respiración. Como cada año,
el buen gusto de la señorita Sara, directora
del espectáculo, se hacía notar.

Las capas de los Reyes Magos eran
suntuosas. La elegancia del chico que hacía
de san José se comentaba entre susurros.

—Es campeón juvenil de tenis
y de baloncesto.

—Es muy guapo. Mi Casilda es
de su pandilla.

Las ovejas de cerámica de todos los años, el buey y la mula –que solo eran unas cabezas de cartón que asomaban por una ventana en el fondo del portal–, el perro de porcelana –que prestaba

todos los años la profesora de Filosofía de Bachillerato–, los pastores tan quietos, en posturas difíciles…

—¡Qué bonito!

—¡Qué emocionante!

—El traje de la Virgen es de Artemoda.

La música cambió y un coro de voces entonando un villancico antiguo anunció la salida del ángel.

—Lo bajan en una especie de columpio desde el techo –explicaba una madre veterana–, y lo dejan sobre esa viga que hace de tejado del portal.

—Ahhhh...

Se encendió un foco, se abrió un trozo del cartón de estrellas que representaba el cielo y empezó a bajar el ángel.

—¡Oh!

—¡Dios mío! ¡Qué belleza!

—¿Quién es?

—Es Yolanda Garrido.

Un murmullo de admiración recorrió toda la sala. Los profesores, las secretarias y los bedeles se apiñaron en la barandilla del anfiteatro.

—¡Qué peinado tan precioso!

—¿Qué lleva en la frente? ¡Es una estrella!

—¿Y esas alas?

—¿De qué son las alas?

—No sé. Pero son impresionantes.

La palabra *alas* se oía en toda la sala. Los murmullos subieron de tono y la admiración corría de un lado a otro.

—¡Qué preciosidad!

—¡Qué moderno! ¡Qué estilo!

—Pero... parecen... ¿de qué están hechas?

Cuando Yolanda bajó de la percha que la descolgaba y se sentó sobre la viga del portal, desplegando la cinta que invitaba a la paz en la tierra, la gente estalló en aplausos. Aplausos que ahogaron el sonido de las chanclas forradas de papel de aluminio que, tras un tropezón con la barra de la percha, se desprendieron de los pies de Yolanda y cayeron por detrás del portal.

—¡Oh, qué detalle! ¡Va descalza!

Yolanda sonrió muy suavecito, para que no se notase. Se sentía muy feliz. Desde aquella altura podía ver a sus compañeros, que la miraban con la boca abierta. Y detrás, de pie, porque habían llegado un poco tarde, descubrió a Lucas y a su padre, que había cincelado en una hoja de latón la preciosa estrella que llevaba sujeta con una cinta sobre la frente.

Casi sin mover la cabeza, Yolanda descubrió a Gonzalo en la primera fila levantando el dedo en señal de triunfo, y metidita en un rincón, cerca de la puerta de salida, vio a Tutía, que seguía con las manos en alto y un mechero apagado el ritmo del antiguo villancico. Junto a ella estaba la abuela, con su falda de siempre y su chaqueta de invierno, muy seria, pero con los ojos tan brillantes que Yoli los podía ver desde aquella altura.

Terminado el villancico, volvió la música bajita y Yolanda, con voz pausada, recitó aquel poema que había aprendido de memoria y que hablaba del amor entre los hombres, de la paz y las estrellas.

Cuando terminó, el silencio y la emoción parecían sostener el edificio en vilo, y de pronto, toda la sala rompió en aplausos y en destellos de cámaras, y la gente empezó a moverse y a comentar, y poco a poco se fue cerrando el telón.

Ya en el suelo, Yolanda fue llevada casi en volandas de un sitio a otro.

—¡Qué bonita túnica! Parece de seda antigua.

—¿Cómo se te ocurrió ir descalza? Es mucho más elegante que las sandalias.

—¿Y estas alas? –preguntó doña Benita haciendo el silencio con su presencia–. ¿De qué son estas alas?

—Son de perlé. Las ha tejido mi abuela a ganchillo.

—¡Oooohhhhh...! ¡Dios bendito! ¡Qué manos tiene tu abuela!

—Mire, fíjese, doña Benita –apuntó la señorita Flora–. Van dobles y están almidonadas, por eso parecen blandas y al mismo tiempo se sostienen.

—Es una obra de arte.

—¡De punto de doble cadeneta!

—¡Qué perfección!

Y así estuvieron un rato más mirando y admirando hasta que Yolanda, muy cansada pero feliz, pudo entrar a cambiarse de ropa y salir hasta el patio donde la esperaban su abuela y Tutía, que intentaba alcanzar una pera que colgaba del árbol gordo de la entrada, que era un pino.

* * *

Aquella tarde, después de hacer un rato la tarea de vacaciones y de estudiar en los libros nuevos que le había dado doña Benita, y una vez que se hubo tomado su tazón de leche con cacao, Yolanda abrió su precioso cuaderno de seda violeta y dibujó una A muy grande con hojas y flores en las patas y un corazón rosa muy grande en la parte alta.

A de Abuela

Fin

alta mar

Taller de lectura

A de Alas, A de Abuela

1. Juega con las letras

1.1. Yolanda tiene un cuaderno en el que dibuja, al final de cada día, la palabra que llena sus pensamientos. Recuerda esas palabras y dinos: ¿cuál crees que es la más importante para Yolanda? ¿Por qué?

....

....

....

1.2. El ejercicio que hace Yolanda es muy interesante. Le sirve para analizar sus pensamientos y ordenar sus sentimientos al final de cada día. ¿Te animas a hacer lo mismo?

a) Dedica una semana a este ejercicio. Cada día, al final de la jornada, escoge la palabra que llena tus pensamientos y que, de alguna manera, resume lo que te ha ocurrido ese día.

- Lunes ....
- Martes ....
- Miércoles ....
- Jueves ....
- Viernes ....
- Sábado ....
- Domingo ....

b) Al final de la semana, haz un análisis de todas las palabras escogidas. ¿Son alegres o tristes? ¿Hablan de otras personas o de ti mismo? ¿Tienen que ver con el cole, con tu familia, con tus amigos…? ¿Son importantes siempre o solo esta semana? Explícalo en tu cuaderno.

1.3. A continuación te proponemos que juegues con las palabras.

El juego del diccionario

Se necesitan, al menos, tres jugadores y un diccionario.

El primer jugador, que es el moderador, coge el diccionario, elige una palabra poco conocida y la expone al resto de jugadores. Después, copia en un folio en blanco la definición de dicha palabra sin enseñársela a nadie.

Los demás jugadores tienen que escribir en sus respectivos folios una definición de dicha palabra, pero no pueden copiarla, sino que han de inventarla y que además suene lo más creíble posible. Los jugadores entregan al moderador los folios con sus definiciones, y este lee en voz alta todas, incluida la que él ha escrito, que es la real.

Al final, cada jugador (excepto el moderador) tiene que votar la definición que cree que es la verdadera. Gana un punto cada uno de los que acierten, y también los jugadores cuya definición falsa haya sido votada como real.

Y así, todas las rondas que se quieran hacer.

2. Cuando nos persiguen

2.1. Yolanda sufre el acoso de algunos de sus compañeros. ¿Quiénes son los líderes de esa persecución?

....

....

2.2. Yoli no entiende bien por qué la persiguen a ella, y su amigo Lucas le dice que lo hacen porque es empollona. Pero si te paras a pensar, seguro que no es ese el verdadero motivo, sino que hay otros más profundos. Explícalos:

....

....

....

....

....

2.3. Yoli se calla, para no disgustar a su abuela, pero el silencio no es la solución. ¿Querrías ayudarla? De la lista de actitudes que ponemos a continuación, señala las que debería tomar.

- ☐ Pegarse con los acosadores, para demostrar que es más fuerte.
- ☐ Hablar con su abuela, para ver cómo solucionarlo.
- ☐ Quedarse sola y escondida en los recreos, para que no la encuentren.
- ☐ Tomar la iniciativa y buscar amigos que la apoyen.
- ☐ Llorar y mostrar miedo cuando le están pegando.
- ☐ Mantener la calma e intentar mostrar indiferencia.
- ☐ Convencerse de que tienen razón: ella merece ser acosada.

2.4. A Teresa le parece injusto lo que le hacen a Yolanda, pero dice que no interviene porque tiene miedo. Leed las siguientes opiniones y comentadlas en clase.

Creo que Teresa es una cobarde porque, aunque tiene claro que lo que le pasa a Yoli es injusto, no se enfrenta a sus compañeros agresores y la defiende solo en privado. Es casi peor que los propios agresores...

Bueno, ya hace más que el resto: intenta ser su amiga y se preocupa por ella. También le dice a la profesora que alguien la ha empujado por las escaleras...

2.5. Imagina que eres compañero de Yolanda y has decidido hablar con Gonzalo para que cambie de actitud. Escoge una palabra de las que aparecen a continuación, y apóyate en ella para desarrollar tu argumento:

Amistad	Justicia	Valentía	Violencia

....

....

2.6. A lo largo de la lectura vemos como Gonzalo va cambiando hasta que, al final, se hace amigo de Yolanda. ¿Quieres entender bien lo que ha pasado? Sigue estos pasos:

a) Hazte con el libro de *El Principito* (en todas las bibliotecas lo tienen).

b) Lee el capítulo 21 en voz alta. Si puede ser entre dos compañeros, mejor.

c) Resume el argumento.

d) Ahora intenta relacionar la historia del zorro y el Principito con la de Gonzalo y Yolanda. Piensa bien en ello durante un rato.

e) En el cuento de *El Principito,* ¿quién es Gonzalo y quién es Yolanda? Y el resto de compañeros de clase, ¿quiénes son?

....

....

....

....

f) ¿Crees que Yolanda ha «domesticado» a Gonzalo? ¿Cómo lo ha hecho?

....

....

g) Piensa en esta frase: «No se ve bien sino con el corazón; lo esencial es invisible a los ojos». Y ahora, relaciónala con Gonzalo y Yolanda.

....

....

....

3. Muchos personajes, muchas historias

3.1. Algunos profesores se equivocan y por descuido, apatía o, incluso, con buenas intenciones, no se comportan con Yoli como debieran. Relaciona mediante flechas ese comportamiento erróneo con el cargo que tienen en el colegio.

Profe de Matemáticas	Profe de Dibujo
Directora	Profe de Educación Física

- No se lo cree cuando le dicen que han empujado a Yoli por las escaleras.
- Borra la pizarra sin percatarse de que en ella hay una caricatura de Yoli.
- No se da cuenta de que no puede pagar el disfraz de ángel.
- No vigila a los alumnos cuando roban a Yolanda el bocadillo y el zumo de su mochila.

3.2. Elige una de las situaciones descritas en la actividad anterior y explica cómo debería haber actuado el profesor para que Yoli no siguiera sufriendo.

....

....

....

....

....

3.3. Tutía es la tía abuela de Yoli. Los vecinos piensan que es tonta, pero solo es un poco rara, distraída y entrañable. ¿Recuerdas todas las cosas divertidas que hace?

- Guarda los zapatos en ....
- Le gusta tomar café con ....
- Regaña a un gato que ....
- Coloca los cacharros de la cocina en ....
- Se ata el pelo con ....

Añade tú otras cosas inventadas por ti que muy bien podría hacer Tutía.

....

....

....

....

....

3.4. A pesar de todas esas rarezas, Tutía es muy buena y siempre está pendiente de su sobrina. Busca alguna escena del libro donde se vea claramente como se preocupa por ella y descríbela.

....

....

....

....

....

4. A de Abuela

4.1. La abuela de Yoli se rompe la cabeza para hacer el disfraz de ángel, puesto que no tiene dinero para comprarlo. Si tú hubieras estado allí para ayudarla, ¿qué ideas le habrías dado?

- Para las sandalias: ....
- Para la túnica: ....
- Para la cabeza: ....
- Para las alas: ....

4.2. ¡Qué buena es la abuela de Yoli! Imagina que eres su nieta. Escribe una carta cariñosa agradeciéndole todo lo que hace por ti.

....

....

....

....

Índice

Series de la colección

Aventuras

Ciencia Ficción

Cuentos

Humor

Misterio

Novela Histórica

Novela Realista

Poesía

Teatro

Últimos títulos

A partir de 8 años

156. Concha LÓPEZ NARVÁEZ. **Un puñado de miedos** (Cuentos) ●
158. Alfredo GÓMEZ CERDÁ. **Soy... Jerónimo** (Cuentos)
159. Marinella TERZI. **Un año nada corriente** (Cuentos) ●
165. Eliacer CANSINO. **El gigante que leyó El Quijote** (Cuentos) ●
167. Concha LÓPEZ NARVÁEZ. **Ahora somos tres** (Cuentos) ●
169. Pilar LOZANO CARBAYO. **Manu, detective** (Misterio) ●
174. Pilar LOZANO CARBAYO. **Manu, detective, y el terror de Primaria** (Misterio) ●
180. Pilar LOZANO CARBAYO. **Manu, detective, y corazón piruleta** (Misterio) ●
182. Elvira MENÉNDEZ y José María ÁLVAREZ. **Una boa en El Paraíso** (Humor) ●
184. Concha BLANCO. **La vaca titiritera** (Cuentos)
189. Fernando LALANA y José A. VIDEGAÍN. **Chatarra imperial** (Humor) ●
190. Theresa BRESLIN. **Magia de invierno** (Aventuras)
191. Theresa BRESLIN. **Verano mágico** (Aventuras)
195. Carmen VÁZQUEZ-VIGO. **El extraño caso del potingue rojo** (Misterio) ●
198. Pilar MOLINA LLORENTE. **A de Alas, A de Abuela** (Cuentos) ●
200. Laura GALLEGO. **Mago por casualidad** (Edicion espacial)
204. Carlos ELSEL. **El pichichi importado** (Humor) ●
208. Pilar LOZANO CARBAYO. **Manu, detective, en el zoo** (Misterio) ●
211. Concha LÓPEZ NARVÁEZ. **El último gol** (Aventuras)
218. José Francisco VISO. **Don Caracol Detective y el misterio del gallipato** (Misterio)

● Dispone de cuaderno de Lectura Eficaz.